MAY 17

Gonzalo Higuaín

¡A la Cumbre!

2011 En octubre, marca 2 hat tricks para el Real Madrid, uno jugando contra el RCD Espanyol, otro contra el Real Betis.

Lo operan de una hernia de disco, el 11 de enero.

2009 Marca su primer gol para la Selección Argentina, el 10 de octubre.

2008 Marca 4 goles contra el Málaga, el 8 de noviembre.

2007 Su primer gol en la liga española, el 24 de febrero.

2006 Convierte 2 goles contra Boca, el 8 de octubre.

Juega su mejor partido de Copa Libertadores marcando 2 goles al Corinthians.

Lo compra el Real Madrid, el 14 de diciembre.

2005 Debuta profesionalmente en River Plate.

1987 Nace Gonzalo Higuaín, el 10 de diciembre.

Ficha personal

Nombre: Gonzalo Gerardo Higuaín

Apodos: Pipita, Pipa-gol

Lugar de nacimiento: Brest, Francia

Nacionalidad: Argentina y francesa

Signo: Sagitario

Altura: 1.84 metros.

Twitter: @G_Higuain

Posición: Delantero

Camiseta en el Real Madrid: 20

Récord: 1 gol cada 60 minutos en la última temporada

Rendimiento: 83 goles en 144 partidos jugando para el Real Madrid.

ISBN-13: 978-1-4222-2596-7 (hc) — 978-1-4222-9139-9 (ebook)

Impresión (último dígito) 9 8 7 6 5 4 3 2 1
Impreso y encuadernado en los Estados Unidos.
CPSIA Información de cumplimiento: lote S2013.
Para más información, comuníquese con Mason Crest a 1-866-627-2665.

Acerca de los Autores: Elizabeth Levy Sad. Es editora y periodista. Ha publicado artículos en Página/12, revista Veintitrés, Toward Freedom, Tourist Travel, In-Lan, Men's Life Today y Cuadernos para el Diálogo, entre otros medios. Trabaja como editora para iVillage (NBC). Colabora en la revista Más Salud.

Esteban Eliaszevich. Editor y periodista. Especializado en turismo, viajó por más de 40 países de África, América, Asia y Europa. Fue editor del Suplemento de Turismo del periódico Country Herald. Colabora en las revistas Galerías y Go Travel & Living.

Créditos de las fotos: EFE / Archivo / Cézaro De Luca: 12, 15; River Plate: 11; Shutterstock.com: 1, 2, 4, 7, 16, 18, 21, 22, 24, 26, 27.

CONTENIDO

Gonzalo "Pipita" Higuaín en acción para el Real Madrid, durante un partido de la Liga, contra el Espanyol en 2009. En esa temporada, Pipita fue el máximo goleador del Real Madrid, segundo en la Liga superado sólo por su compañero argentino Lionel Messi.

Real Madrid

¡Piedra libre al goleador!

EL 11 DE ENERO DE 2011, LOS FANÁTICOS DEL REAL MADRID, preocupados, velaban por la salud de su número 20. Mientras tanto, a él lo operaban en Chicago de una hernia de disco, una afección capaz de dejar afuera de la cancha al mejor deportista. Tras su recuperación, "Pipita" hizo historia: se consagró entre los 20 máximos goleadores del club.

Gonzalo "Pipita" Higuaín se define a sí mismo cómo "un jugador positivo, que siempre mira para adelante".

Estas palabras, que marcan su espíritu a fuego y revelan su gran personalidad, nos dan una idea de por qué, después de su internación y luego de superar un difícil problema de salud, volvió a las canchas mucho antes de lo previsto, cuándo nadie lo esperaba... Nadie, excepto él.

Tras someterse a una complicada cirugía de hernia discal lumbar en el hospital Northwestern Memorial de Chicago, los médicos que lo atendieron especulaban que demoraría unos 6 meses en volver a pisar el verde césped de la cancha, a pesar de que la operación había sido exitosa.

Pero, por fortuna, eso no sucedió porque los plazos se acortaron. La enorme fuerza de voluntad que caracteriza a Gonzalo y exhibe con creces en cada partido, le permitió una rehabilitación asombrosa que lo devolvió al campo de juego en sólo 3 meses. El gran

El detalle

En 25 partidos jugados entre Liga, Champions y Copa de Rey, en media temporada 2011-2012, el "Pipita" anotó nada menos que 16 goles.

jugador superó intensas sesiones de fisioterapia, entrenamiento en el agua y ejercicios de fortalecimiento, y el 2 de Abril de 2011, regresó a la cancha para el partido en el que enfrentó al Sporting de Gijón. Ese día, su equipo cayó derrotado por un gol; pero él fue recibido con una calurosa ovación apenas inició sus movimientos de precalentamiento, mientras se preparaba para entrar. "Pipita" ingresó al campo a los 10 minutos de la segunda etapa y difícilmente se pueda olvidar cómo corearon su apellido por los cuatro costados del estadio Santiago Bernabeu. Un reconocimiento invalorable al esfuerzo, de parte de esos fanáticos que conquistó a fuerza de goles.

Un consejo que fue gol

Gonzalo Higuaín desembarcó en el Real Madrid en el 2006; y sus comienzos en la Casablanca (como se lo conoce popularmente a este club) no fueron de los más fáciles. Llegaba a un equipo muy prestigioso y plagado de estrellas; y entonces, eran pocas las oportunidades para mostrarse. A pesar de esta situación adversa, llegó a cosechar 11 goles en un par de temporadas, aunque las ocasiones des-

perdiciadas en portería duplicaron esa cifra.

Por entonces, los grandes equipos europeos comenzaron a tomar nota y prestar atención a sus talentos. Jorge Valdano, que por aquellos tiempos era el Director General y Adjunto a la Presidencia del Real Madrid, hablaba maravillas de él y pedía paciencia, aduciendo que su momento iba a llegar. Y no se equivocó. En la temporada 2008-2009, "Pipita" jugó 44 partidos, y concretó goles en 24 oportunidades.

Gonzalo tuvo su noche mágica el 8 de noviembre de 2008, jugando contra el Málaga, en el Estadio Santiago Bernabeu. Cuatro tantos suyos permitieron remontar un cotejo adverso, que finalmente ganó Real Madrid 4 a 3. Al equipo Costasoleño, "Pipita" le ha marcado 9 tantos en toda su carrera.

La siguiente, la temporada 2009-2010, fue la consagratoria: jugó 40 partidos y gritó gol en 29 oportunidades.

A lo largo de este proceso de transformación personal y profesional, en el cual pasó de ser uno más del grupo a convertirse en un jugador clave, resultó fundamental su

El detalle

En Real Madrid, Gonzalo Higuaín ganó 2 Ligas de España (2007 y 2008), 1 Supercopa de España (2008) y 1 Copa del Rey (2011).

antiguo compañero de equipo, el temible goleador holandés Ruud Van Nistelrooy, que un día le dijo a Gonzalo: "Los goles son como la salsa ketchup, porque a veces no salen por mucho que lo intentes, y luego vienen todos de golpe".

Aquella graciosa frase lo impactó y lo serenó de tal modo, que fue así, como por arte de magia, que Gonzalo Higuaín comenzó a escribir su leyenda como goleador.

El rey del hat trick

Todo ese cariño que recibió por parte de los seguidores del Madrid durante su grave lesión, Gonzalo Higuaín comenzó a retribuirlo con creces a los pocos días de su regreso oficial. Se reencontró con el gol el 23 de abril de 2011, en el estadio Mestalla, enfrentando al siempre difícil equipo de Valencia. En ese juego, uno de los tantos memorables de su carrera, le bastaron 55 minutos para inflar las redes en 3 oportu-

Pipita en el Real Madrid, durante un partido de la Liga contra el Deportivo de La Coruña.

nidades. Además, aportó dos asistencias a sus compañeros, pases mágicos que ayudaron al Real Madrid a imponerse como visitante por un tanteador de 3 a 6.

Luego de jugar 25 partidos en la temporada 2010-2011, entre Liga Española, Champions League y Copa del Rey, Higuaín cosechó 13 tantos. En la siguiente temporada, 2011-2012, no fue titular con tanta frecuencia, pero volvió a marcar un par de hat tricks. El primero de ellos, el 2 de octubre, lo sufrió el RCD Espanyol. Pocos días después, el 15 de octubre, convirtió 3 goles contra el Real Betis.

La racha goleadora de la camiseta blanca número 20 en la Liga de las Estrellas, en la cual promedió 1 gol por partido en menos de 50 minutos, lo ha convertido en el delantero más eficaz de toda Europa, y en el vigésimo goleador en la historia del Real Madrid.

Por algo la prensa gráfica deportiva española lo bautizó "el caníbal del área".

Gonzalo Higuaín, sin duda, hace feliz al mundo del fútbol, con su gran calidad como jugador, su humildad y su compañerismo. Todo un grande.

"Pipita" participó en la comedia Torrente 4, parte de la desopilante saga del director español Santiago Segura, que narra las bizarras aventuras de un policía corrupto, violento y fascista, que es fanático del Atlético de Madrid. Allí comparte pantalla con los futbolistas Sergio "Kun" Agüero (el yerno de Diego Maradona), Sergio Ramos, Cesc Fabregas, Álvaro Arbeloa y Raúl Albiol, en una escena en la que todos juegan un partido de fútbol en la cárcel. También participa del film cantante David Bisbal. "Me gusta meter en el cine a los grandes ídolos del deporte. A la gente le encanta eso", comentó el director. Y efectivamente, la película fue todo un éxito de taquilla en España y en otros países.

Sangre deportiva

Un asunto de familia

LA DECISIÓN ERA DIFÍCIL. AL PADRE DE GONZALO le habían comentado que en Francia pagaban muy bien, y que necesitaban un zaguero central con sus características. Pensó una y mil veces qué camino tomar. No era sencillo mudarse de Argentina con su mujer embarazada y sus pequeños hijos. Pero se jugó, y finalmente, la familia Higuaín desembarcó en Europa.

Jorge Higuaín, el padre de Gonzalo, fue un recio defensor central que comenzó su carrera profesional de futbolista en su país, en el club argentino Nueva Chicago.

Luego jugó en muchas otras instituciones deportivas: Gimnasia y Esgrima de La Plata, San Lorenzo y Boca Juniors. Hasta que un día apostó por la aventura de emigrar y probar suerte en Europa, y recaló en un equipo de Francia, en el Stade Brest.

Allí, precisamente en Brest -una ciu-

dad situada en el departamento de Finisterre, en la región de Bretaña- un 10 de Diciembre de 1987, nació su tercer hijo: Gonzalo Gerardo.

Cuando el menor de los Higuaín tenía sólo 10 meses de edad, sus padres retornaron a la Argentina para que Jorge se desempeñara en River Plate, un equipo con el cual salió campeón. Luego, finalizó su carrera en Banfield, aunque en ese equipo prácticamente no tuvo la oportunidad de jugar.

Instalada nuevamente en su tierra, la

familia Higuaín recibió a un nuevo miembro: llegó Lautaro, el cuarto varón de la dinastía compuesta por Nicolás, Federico y Gonzalo. Todos ellos mamaron las alegrías, las emociones y el vértigo del mundo del deporte desde la más tierna infancia. Pero no sólo por la rama paterna de la familia. Nancy, la madre de Gonzalo, también lleva esa pasión deportiva en la sangre: su padre, Santos Zacarías, fue un maestro de campeones argentinos del boxeo, tales como Sergio Víctor Palma y Juan Martín Coggi. Su hermano Claudio, por su parte, fue también futbolista profesional y defendió los colores de San Lorenzo y Boca Juniors, entre otros equipos argentinos.

Nancy mima hasta al cansancio a "Chano" (como le dice a Gonzalo desde chiquito), como a las mamás más les gusta hacerlo: con sus fantásticas habilidades de cocinera. Así es que siempre le prepara sabrosos pasteles de papas y milanesas (dos de los platillos preferidos de cualquier niño argentino).

Gonzalo heredó el simpático sobrenombre de su padre, a quien sus compañeros de equipo llamaban cariñosamente "El Pipa".

El detalle

Los Higuaín nunca olvidaron sus orígenes en el Club Palermo. Para evitar que lo cierren, en 2009 realizaron un partido a beneficio para recaudar fondos y salvarlo.

"No puedo reprocharle nada al apodo", declaró con humor Jorge Higuaín, asumiendo su prominente nariz, tamaño XL. De allí le quedó a Gonzalo lo de "Pipita".

De tal palo, tal astilla

Por supuesto que fue el padre quien le inculcó la pasión por el fútbol a Gonzalo. En un reportaje realizado tiempo atrás en España, "Pipita" expresó: "Mi papá es un ejemplo. Como persona, me ha enseñado a ser un tipo de bien, honrado, derecho. Y como jugador, con mis hermanos crecimos admirándolo por todo lo que fue y por la carrera que hizo".

Jorge Higuaín se desempeñó entre 1976 y 1980 en Nueva Chicago y marcó 5 goles. De allí pasó a Gimnasia y Esgrima La Plata, jugó de 1981 a 1982, e hizo 4 goles. Entre 1982 y 1986 jugó en San Lorenzo: hizo 9 goles. De 1986 a 1987 jugó en Boca Juniors y marcó 5 goles. De 1988 a 1991 pasó por River y señaló 7 goles.

Gonzalo recuerda un hecho clave en la trayectoria de su padre, que lo influenció notoriamente para el futuro. En el año 1992, Jorge fue campeón con River Plate, e ingresó con sus hijos a la cancha. Aquel marco multitudinario quedó grabado para siempre en su memoria, y con su corta edad, ya sabía que su futuro estaba en el fútbol.

Fue así como a los 8 años empezó a jugar fútbol sala (o "fútbol de salón", como también se lo conoce), en el Club Social y Deportivo Palermo de la ciudad de Buenos Aires, donde convertía goles de todas las

Jorge Nicolás Higuaín (fila de atrás, izquierda) el padre de Gonzalo, jugando para River Plate, antes de un partido contra Boca, en 1990. A pesar de haber jugado siempre en el puesto de defensor, Jorge Higuaín convirtió 30 goles en los 16 años que jugó en clubes argentinos.

formas posibles. Su formación en esta tradicional institución vecinal le sirvió para aprender a desenvolverse rápido en espacios cortos y a tener una notable precisión para definir en arcos pequeños. Fue allí que un señor apellidado Curti habló con su padre, para llevarlo junto a su hermano Federico a las divisiones inferiores de River Plate. Y en este club del vecindario porteño de Núñez fue que, finalmente, atravesó todo el camino y pasó por todas las divisiones infantiles y juveniles, hasta llegar a la primera división del fútbol profesional.

Convicción de campeón

Llegar al primer equipo de River fue un sueño cumplido, y el peso de llevar un apellido famoso sobre sus espaldas no parece haber influido negativamente en la carrera de Gonzalo. Al contrario.

Tanto en el Club Palermo, como en las divisiones inferiores, siempre se vislumbró un futuro promisorio para este joven. Su padre comentó alguna vez en un reportaje televisivo: "Mi hijo tiene una fuerte convicción para lograr todo lo que se propone". Y vaya si fue así.

En las divisiones menores de River (club al que popularmente se lo conoce como El Millonario) formaba una dupla de ataque con otro centrodelantero de gran notoriedad en la actualidad: el colombiano Radamel Falcao.

Como en las divisiones inferiores hizo una buena cantidad de goles, eso llamó la atención de la plana mayor del fútbol profesional. En River, pudo observar y aprender de jugadores de la talla de Ariel "Burrito" Ortega, Marcelo Gallardo, Marcelo Salas y Enzo "El Príncipe" Francescoli; no sólo dio sus primeros pasos en el club Millonario como futbolista profesional: además, perpetuó la historia de esta auténtica familia de deportistas.

Pipita festejando un gol frente a Estudiantes de la Plata durante la octava jornada del Torneo Clausura disputado en el estadio Monumental de Buenos Aires, 2006.

El primer club

Una pasión "millonaria"

GONZALO SIEMPRE LUCHÓ CONTRA LAS ADVERSIDADES... y les ganó. Tal vez deba su inquebrantable fuerza de voluntad a la meningitis fulminante que sufrió de niño. Pelear y salir adelante fue una constante en su carrera. Y su paso por su primer club, no fue una excepción. Le costó ganar su lugar. Pero cuando lo logró, fue camino a la cima.

El día del debut en la primera división de River Plate, el 30 de mayo de 2005, Gonzalo Higuaín salió a la cancha completamente pelado. Sus compañeros lo habían rapado, una tradición de bienvenida para todos los juveniles que llegaban al equipo profesional dirigido por Leonardo Astrada. Gonzalo provenía de la quinta división.

Lo más curioso de aquél partido discreto, con resultado adverso, en el que jugaban contra Gimnasia de la Plata, fue que compartió un rato la cancha con su hermano Federico: 20 minutos en total; y en ese tiempo, ambos intentaron plasmar en el campo todo lo que habían soñado desde niños en el patio de la casa del barrio de Saavedra y en la cancha del Club Palermo.

"Pipita" nunca fue el preferido de los técnicos apenas llegaba a una institución: jugó muy poco después de ese emotivo partido inicial; pero nunca bajó los brazos. Confiaba en que su esfuerzo y sus deseos de hacerse un nombre en el fútbol, pronto se harían realidad.

¡A la cancha!

Cuando se fue Leonado Astrada y llegó Reinaldo "Mostaza" Merlo a la dirección técnica, tampoco logró la continuidad deseada en el equipo.

Recién empezó a tener minutos en el campo de juego cuando llegó Daniel Passarella, (quien luego sería presidente de River). Este técnico, con alguna visión de futuro, le auguró un destino de súper estrella.

Y Gonzalo devolvió ese voto de confianza anotando 5 goles en el Torneo Clausura 2006. El primero de ellos se lo hizo a Banfield, (el club en el cual se había retirado su padre).

Copa Libertadores: Una noche para recordar

Gonzalo ofreció lo mejor de su primera etapa en River, en un partido de octavos de final de la Copa Libertadores contra el Corinthians de Brasil.

River, el Millonario, ya había ganado 3 a 2 en su propia cancha, el Monumental; pero la visita al Estadio Pacaembú era más que riesgosa. Los goles de visitante que había marcado el Corinthians en Buenos Aires, sumados a la presión que suelen ejercer los fanáticos en San Pablo, presagiaban otra noche negra del club argentino en la Copa Libertadores. Además, los Millonarios habían ganado una sola vez en Brasil, y habían perdido las 8 restantes. Un panorama más que complicado.

Esa noche, su equipo perdía por un gol; entonces, el técnico Passarella lo hizo ingresar a Higuaín promediando la mitad del segundo tiempo, para darle mayor peso a la estrategia ofensiva. Y la jugada no le falló: 2 goles suyos bastaron para darle a River la clasificación a cuartos de final, en medio de un partido realmente vertiginoso, en el que se había iniciado un juego muy agresivo. Y toda esta magia, la desató en sólo 15 minutos. El primero de los goles llegó después de una habilitación de Marcelo Gallardo; y definió como había

En este ámbito familiar en el que respiraba deporte a toda hora, se crió y creció Gonzalo: jugando al fútbol siempre con sus hermanos mayores, Nicolás y Federico. Nancy, la mamá, un día se cansó de los "picados" que armaban todos los días los varones en el fondo de la casa, se enojó y les dijo: "No los aguantó más: hagamos una piscina". Jorge, el papá, lo contó en un reportaje con humor y picardía: "Tuvimos que cerrar el 'estadio' porque no cumplía con las medidas reglamentarias". Por esas vueltas de la vida, el 3 de diciembre de 2006, Gonzalo se enfrentó con su hermano por primera vez en un partido profesional. El primero, defendiendo los colores del club River Plate; el otro pateaba para Nueva Chicago. Esta suerte de duelo familiar lo ganó el mayor: Chicago se impuso por 2-1, y Federico había convertido uno de los goles del triunfo.

En River Plate, Gonzalo Higuaín jugó 41 partidos, entre torneos locales e internacionales, y convirtió 15 goles.

Gonzalo ha marcado muchos goles en el Estadio Monumental Antonio Vespucio Liberti de Buenos Aires.

aprendido a hacerlo en el Fútbol Sala: arriba y cruzado. En el segundo, sólo tuvo que empujarla a la red tras recibir una pelota cabeceada desde el primer palo. Los fanáticos del Corinthians, furiosos por la derrota, intentaron invadir el campo de juego y agredir a los deportistas.

Así, Gonzalo marcó 2 goles muy importantes y claves para su equipo: algo que después sería una constante en su carrera. Con sólo 19 años, en el 2006 fue elegido por un importante diario argentino como la "Revelación Deportiva del Año".

Octubre le sienta bien

El décimo mes del año siempre fue bueno para "Pipita". Basta con recordar dicho mes de 2011 y el par de hat tricks consecutivos que celebró con el Real Madrid. En Argentina, su tarde consagratoria fue un 8 de octubre: ni más ni menos que en un Súper Clásico contra Boca Juniors. Corría la décima fecha del Campeonato Apertura y Boca visitaba el estadio de River, en condición de puntero y Bicampeón del fútbol argentino. Esa tarde, con un Monumental colmado, Gonzalo se calzó el traje de héroe anotando 2 golazos que sirvieron para que su equipo se imponga 3 a 1 a su eterno rival.

Los fanáticos de River difícilmente olviden esos 2 goles: el primero lo hizo de taco, después de una serie de rebotes y tras 4 partidos sin convertir. El segundo incluyó una corrida memorable, en la cual dejó desparramado al arquero de Boca, el paraguayo Aldo Bobadilla, y culminó con una definición exquisita.

Higuaín fue la figura excluyente de este encuentro, y eso le sirvió para llamar la atención del entrenador de la Selección de Fútbol de Francia, Raymond Domenech, y también del director técnico del Real

El detalle

River Plate se ganó el apodo de "El Millonario" en 1932, cuando hizo la compra de un jugador más costosa de la historia hasta ese momento.

Madrid, Fabio Capello. Aquella tarde gloriosa, Gonzalo Higuaín dejó en claro que se encaminaba a convertirse en uno de los mejores delanteros del fútbol mundial.

Gonzalo finalizó aquel campeonato como el gran goleador de River Plate: con 8 tantos.

Luego, millones de euros llevaron sus goles para Europa, para deslumbrar a todas las plateas del mundo desde la blanca camiseta del Real Madrid.

La pasión de "Pipita" por River, el club de sus amores, es incondicional. Por eso, sufrió como un fan más cuando empezó a correr peligro de descender a la segunda división, (cosa que finalmente ocurrió en junio de 2011, cuando perdió frente a Belgrano de Córdoba). En esa oportunidad, declaró a un canal de TV: "Me pone triste ver al club en esta situación. Es una institución muy grande y sería muy malo para el fútbol argentino que descienda. Esto era impensable años atrás, ya que jamás se podía llegar a pensar que juegue un partido de promoción para no descender. Me duele en el alma, porque River me formó como persona, y me abrió las puertas para jugar en Europa".

Pipita es uno de los tres jugadores extranjeros que han jugado para la albiceleste en una Copa del Mundo. Los otros fueron Arico Suárez (1930, 1934) y Constantino Urbieta Sosa (1934).

La sangre tira
La Selección Argentina

CORRÍA EL 2009, Y GONZALO HIGUAÍN YA ERA UNA ESTRELLA en el firmamento del Real Madrid. A esa altura, le quedaba un gran sueño por cumplir: defender los colores de su amada Selección Argentina en el Mundial de Fútbol Sudáfrica 2010. La convocatoria no llegaba, y sus sueños mundialistas parecían esfumarse ... Sin embargo, una vez más, su esfuerzo tuvo premio.

Antes de pisar suelo sudafricano con su selección, Gonzalo Higuaín debió superar buena cantidad de obstáculos. Nada fue sencillo en su carrera, y tampoco este capítulo. La mayor ilusión de su vida, siempre, fue defender los colores argentinos en la cancha de juego.

En una entrevista concedida al diario español El País, a mediados del 2009, declaró: "Me crié en Argentina y en River. Soy argentino cien por ciento, de raza, de actitud, esa que siempre te hace buscar todo lo que te propones".

Será por eso que luchó contra viento y marea para llevar a cabo su objetivo. Aunque no le fue fácil.

Su pasaporte francés era la herramienta legal que le permitía ocupar una plaza en la Liga Española, por lo cual, no podía renunciar a esta nacionalidad. (Por esta razón, incluso, en algún momento se vio obligado a declinar al Seleccionado Juvenil argentino Sub 18).

Mientras tanto, el seleccionador de Francia, Raymond Domenech, quien ya estaba al tanto de sus condiciones, lo había convocado en más de una oportunidad a integrarse a la selección de su país. "Pipita" agradeció cada llamado, pero nunca pasó por su cabeza la posibilidad de defender otros colores que no fueran los de su patria: no podía calzar otra camiseta que no fuera la "celeste y blanca" en el contexto de un campeonato mundial.

En 2007, gracias a un recurso legal, pudo obtener la nacionalidad argentina sin perder la francesa. En aquel momento, comenzó a sentir que su máxima ilusión podía llegar a hacerse realidad.

Clamor popular

El tema legal ya estaba resuelto. Ahora sólo faltaba que lo convocaran.

Corría el año 2009, y la Selección de Argentina disputaba la fase eliminatoria para acceder al Mundial; pero los pobres resultados obtenidos, hicieron peligrar su clasificación. En todo momento, tanto los seguidores argentinos del fútbol como buena parte de la prensa especializada, reclamaba a gritos la presencia de un jugador que no estaba en la cancha: "Pipita" Higuaín.

Por aquel entonces, el director técnico de esta selección era una de las estrellas máximas del fútbol de todos los tiempos, admirado no sólo por sus talentos sino por su ingenio, su historia de vida, su conciencia social y su gigante dimensión humana: Diego Armando Maradona. Este célebre argentino, finalmente le abrió a Gonzalo las puertas del seleccionado nacional. Lo convocó para jugar los 2 últimos partidos de la serie clasificatoria: contra Perú, en Buenos Aires; y contra Uruguay, en Montevideo. Y lo metió en un desafío más que complicado.

Cuando fue convocado, Gonzalo declaró: "Es una alegría inmensa. Esperaba el llamado hace mucho tiempo. Ahora voy a tratar de hacer todo lo posible para que la Selección logre la clasificación al Mundial".

Por la "celeste y blanca"

Por fin, el 10 de Octubre de 2009, en la cancha de River Plate, Gonzalo Higuaín jugó su primer partido oficial con la camiseta de Argentina, la celeste y blanca. Arrancó de titular; un gol suyo abrió el marcador y con él, se empezó a sembrar la

El grupo musical argentino Soleado compuso una cumbia en homenaje a "Pipita", una suerte de gran declaración de amor de los fanáticos por su humildad, su talento, y por la difícil decisión que tomó cuando rechazó la propuesta de integrar la Selección de Francia, esperando poder defender los colores de su país en el Mundial. El pegadizo estribillo de la canción dice:

"La sangra tira/ la sangre tira/
Pipita Higuaín es de mi Argentina".

Pipita compite en las eliminatorias para la Copa del Mundo de 2010.

Pipita jugando para el Real Madrid contra el Liverpool FC, en un partido de Liga de Campeones.

gran esperanza argentina (que hasta ese momento, estaba completamente perdida.) Más tarde, el equipo peruano alcanzó el empate y complicó los sueños de clasificar. Pero sobre el final, como una suerte de milagro de último momento, y bajo una lluvia torrencial que le daba al partido un clima épico, inolvidable, Argentina ganó gracias a un gol de Martín Palermo, y el encuentro terminó 2 a 1.

Luego, Argentina venció a domicilio a Uruguay, por un gol. Así, Higuaín aportó su granito de arena para que la Selección obtenga su pasaje al Mundial de Sudáfrica, algo que en algún momento pareció un sueño inalcanzable.

El detalle

Gonzalo Higuaín jugó para su país la Copa América 2011. Su único gol se lo convirtió al ganador del torneo: Uruguay.

En busca de la gloria

El seleccionado argentino arribó a

Sudáfrica a fines de mayo del 2010, con todas las ganas de salir campeón, tras 24 años sin conseguirlo.

Jugadores de la talla de Lionel Messi, Carlos Tévez y Sergio Agüero, entre otros, invitaban a soñar con ganar la Copa. El Centro de Alto Rendimiento de la Universidad de Pretoria fue el búnker donde se estableció el equipo.

Gonzalo compartió su cuarto con el goleador Diego Milito, quien había cerrado una temporada exitosa en Italia, y con quien peleó un puesto en el conjunto titular. Diego Maradona decidió que "Pipita" fuera el centrodelantero del equipo en el debut, el 12 de junio, frente a Nigeria. Argentina ganó 1 a 0.

Cinco días después, Argentina enfrentó a Corea del Sur y ganó 4 a 1. Gonzalo Higuaín fue la gran figura del encuentro al marcar 3 goles, (una hazaña que, en mundiales, sólo habían conseguido para su

El detalle

Pipita marcó 2 hat tricks en la Selección Argentina. Uno en el mundial y otro en las eliminatorias rumbo a Brasil 2014, frente a Chile.

país Guillermo Stábile, en 1930, y Gabriel Batistuta en dos ocasiones: 1994 y 1998). Argentina cerró su participación en aquella primera ronda venciendo a Grecia por 2 a 0.

En octavos de final llegó el turno de México. Argentina ganó 3 a 1; y una vez más, "Pipita" concretó uno de los goles. Luego llegó la derrota con Alemania en cuartos de final, y con ella, la triste vuelta a casa.

Gonzalo Higuaín, otra vez más, había dejado su sello. Con 4 goles conquistados, fue el goleador argentino en Sudáfrica.

En 2011 Gonzalo Higuaín se convirtió en una de las caras de la marca Nike. Firmó un contrato por 1 millón de euros anuales.

Capítulo

5

Un futuro sin límites

DESDE SUS INICIOS EN EL CLUB AMATEUR HASTA LA actualidad en el Real Madrid y la Selección de Argentina, Gonzalo Higuaín se ganó un lugar sobresaliente en el mundo del fútbol. Pero según especialistas del deporte, aún tiene un futuro enorme para demostrar todo su potencial. Con su perfil sencillo y disciplinado, es uno de los grandes deportistas latinoamericanos.

La fuerza de voluntad ha caracterizado a este jugador desde que era un niño. Si alguien tiene alguna duda del enorme poder que ejercen los sueños y los deseos en el destino de una persona, entonces debe ver el reportaje televisivo que le hicieron a Gonzalo a los 10 años de edad. Allí, un simpático y delgadito "Pipita" de ojos inquietos, explicaba, sin vacilar, que aspiraba a jugar en River Plate, luego en el Real Madrid y en la Selección de Argentina; como si se tratara una profecía irrevocable, él iba

mencionando todos esos sueños, que con el tiempo concretó.

A mediados de 2010, tras una ardua negociación, Higuaín renovó su vínculo con el Real Madrid hasta 2016, a razón de 3,5 millones de euros por temporada.

Pese a ello, la felicidad no era completa ya que no jugaba de titular con frecuencia. Esto motivó que equipos importantes como Juventus y Chelsea se fijaran en su situación y alimentaran los rumores sobre una posible partida de España.

En el diario deportivo "Olé" de Argentina, Gonzalo Higuaín opinó sobre la gran estrella mundial del fútbol, y compañero de Selección, Lionel Messi: "Es una suerte que La Pulga Biónica juegue para Argentina. Nos entendemos muy bien y junto a él, todo se hace más sencillo. Es imposible jugar mal con Messi, y a la vez, es un placer".

Para acallar habladurías, el presidente del Real Madrid, Florentino Pérez, lo invitó a realizar el tradicional saludo navideño a los seguidores del club, junto al entrenador Mourinho y los otros tres capitanes del equipo (Casillas, Ramos y Marcelo). Una forma original de decirle al jugador, y al mundo, que el equipo Merengue -como le dicen por su camiseta blanca- lo quería seguir teniendo en sus filas.

Un tiempo después, Gonzalo declaró en la web oficial del club: "He cumplido sueños importantes aquí, como ganar Ligas, Supercopas y la Copa del Rey. Obviamente, quedan la Champions y muchísimos títulos en juego; la verdad es que son muchos los retos que quedan por cumplir a lo largo de mi carrera y ojalá se cumplan. Estoy muy contento con todo lo sucedido hasta ahora y espero seguir en esta línea".

Profeta en su tierra

"Hay que practicar permanentemente. No tanto para imitar gestos, sino para entender el concepto: dónde ponerse, cómo acomodar el cuerpo", comentó Gonzalo en una entrevista que le hizo el entrenador argentino Ángel Cappa, para su libro "Hagan juego".

En su corta trayectoria,"Pipita" también se ha consolidado como el centrodelantero ideal de la Selección de Argentina. Goza de una enorme popularidad en su país gracias a su juego y su carisma.

Lo cierto es que los fanáticos del fútbol lo adoran a los dos lados del Atlántico, pero no sólo por sus talentos deportivos: también porque participó en actos solidarios, y prestó su imagen para publicidades de bien público; por ejemplo, una campaña contra el trabajo infantil. También se lo ha visto en distintos programas de televisión, y siempre cautiva con su simpatía y su frescura.

Sin dudas, uno de sus mayores deseos

para el futuro, es seguir marcando goles para que su Selección clasifique para la Copa Mundial 2014, que se jugará en Brasil.

El delantero moderno

Mucho se ha escrito sobre Gonzalo Higuaín. Pero quizás, quien mejor lo define, es el director técnico José Mourinho, en un informe que elaboró para la Junta Directiva del Real Madrid. En este reporte, este experimentado estratega portugués registra la evolución, el rendimiento y la valoración del mercado de cada uno de sus jugadores.

A Gonzalo Higuaín lo calificó como un "delantero moderno", y destacó su potencial, su capacidad de crecimiento, su juventud, además de su alto valor de venta en el mercado.

Desde el punto de vista técnico, sus mayores virtudes son:

En 2011, Pipita ayudó a que el Real Madrid levante la Copa del Rey número 18.

- Su aptitud para la creación de espacios.
- La facilidad para desmarcarse, y sacarse de encima a los jugadores que le impiden llegar al arco contrario.
- La capacidad de generar numerosas chances de gol.
- Su habilidad estratégica, algo que adquirió en los últimos años: una actitud serena ante la posibilidad de gol, lo cual le permite una definición elegante y pensada.

Pero el técnico no sólo se centró en el aspecto meramente deportivo; también destacó su humildad, su sacrificio y su fuerza mental, que le han permitido superar aquella gravísima lesión en la espalda.

Mourinho también dijo que Gonzalo Higuaín que era un diamante en bruto, capaz de ser el mejor del mundo en un futuro cercano.

El tiempo sin duda, tendrá la última palabra.

GLOSARIO

Afición—Hinchada. Conjunto de personas que asisten asiduamente a alentar a su equipo, o lo siguen con pasión.

Anotar—Marcar un gol.

Asistencia—Pase de gol. Cuando un jugador le pasa la pelota a otro, y termina con gol del segundo.

Bota (o botín)—Calzado del futbolista.

Camiseta—Prenda deportiva que cubre el tronco de los jugadores y sirve para identificar a los equipos.

Clásico—Argentinismo. Partido en el que se enfrentan dos clubes históricos, o dos equipos de una misma ciudad o región.

Concretar—Marcar un tanto.

Copa del Rey—También llamada Copa de la Liga o Copa de España. Es el torneo que enfrenta a todos los clubes de primera, segunda, y tercera división mediante el sistema de eliminación.

Copa Libertadores de América—Es el torneo de fútbol más importante de América.

Champions League—Es el torneo internacional de fútbol más importante de Europa.

Delantero—Es el jugador cuya misión es atacar al equipo contrario.

Defensor—Es el jugador que debe proteger el área, y frenar las jugadas de ataque de los rivales. Dentro de la defensa hay distintas especialidades: defensa central, lateral y libre.

Definición—Claridad en el ataque. Forma correcta y prolija de finalizar una jugada ofensiva contra el arco contrario.

Descenso—Cuando un equipo baja a una categoría inferior a la que se encontraba.

Efectividad—Capacidad de lograr el efecto que se desea de una jugada. Alto grado de acierto por parte de un jugador (o un equipo) para definir goles.

Desmarcarse—Desplazarse para burlar al contrario, evadir al rival que lo "marca" para

GLOSARIO

impedirle avanzar o sacarle la pelota.

Fútbol Sala—También llamado Fútbol de Salón o Microfutbol. Se juega en un recinto más pequeño, generalmente cubierto y con piso de cemento, y con una menor cantidad de jugadores.

Gol de taco—Tiro complejo realizado con la parte posterior del botín, y que termina en gol.

Hat Trick—Triplete. Palabra de origen inglés, que se aplica cuando un jugador hace 3 goles en un solo partido.

Picado (o picadito)—Partido de fútbol que se improvisa entre amigos por mera diversión, sin rivalidad, en cualquier espacio, y con todos los jugadores que quieran entrar.

Portería—Arco.

Táctica—Conjunto de estrategias y filosofías de fútbol que aplica el entrenador, tras un estudio previo de las estrategias del equipo contrario.

Tiempo de descuento—También llamado tiempo suplementario, o tiempo añadido. Son los minutos extra que se agregan al final de cada tiempo para compensar las pérdidas de tiempo producidas en las interrupciones del juego (las faltas, las amonestaciones, las lesiones).

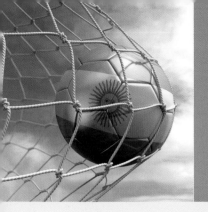

BIBLIOGRAFÍA

Cappa, Ángel. *Hagan juego*. Buenos Aires: Editorial TEA, 2009.

Óscar Ribot. *"Trabajaré duro para ser el delantero centro"*. Entrevista. Diario AS, España. (12 de junio de 2008)

"Un dos mudo y que no pega, no puede jugar al fútbol". Entrevista a Jorge Higuaín, (padre de Gonzalo). Revista El Gráfico, Argentina. (Abril de 2009).

Eleonora Giovio. *"Vine a jugármela"*. Entrevista. Diario El País, España. (Julio de 2009).

Marcelo Sottile. *"Se la voy a hacer firmar a mis compañeros"*. Entrevista en el Mundial de Sudáfrica. Diario Olé, Argentina. (17 de junio de 2010).

Alberto Moreno. *"Gonzalo Higuaín, ese raro ídolo de pocos"*. Nota de opinión. Revista GQ, España (Enero 2012).

Juan Pablo Varsky. *"Higuaín los convence a todos"*. Nota de opinión. Diario La Nación, Argentina. (2 de noviembre de 2009).

Miguel Braillard. "*Sueño con ganar el mundial 2010 como goleador de la Selección argentina*". Entrevista. Revista Gente, Argentina. No.2425. (Marzo de 2007).

RECURSOS de INTERNET

http://www.afa.org.ar

Página oficial Asociación de Fútbol Argentina. Informa sobre los campeonatos y la selección nacional. También se pueden consultar los reglamentos, y ver imágenes del fútbol de todos los tiempos.

http://www.futbolxxi.com/

Sitio que recopila toda clase de estadísticas sobre técnicos, jugadores, equipos, árbitros y torneos argentinos; es fuente de consulta para la prensa especializada.

http://www.atfa.com.ar

Página oficial de la Asociación de Técnicos de Fútbol Argentino. Edita una revista que se puede descargar gratuitamente, con entrevistas a los más experimentados profesionales.

http://www.vivifutbol.com.ar

Red social del fútbol argentino, en la que se puede intercambiar opiniones, fotos, crear grupos, escribir blogs y encontrar información y vídeos de partidos.

http://www.salvemosalfutbol.org

Página de la ONG Salvemos al Fútbol. Una asociación sin fines de lucro que lucha para erradicar la violencia y la corrupción del mundo del fútbol. Promueve la participación civil en las instituciones deportivas, y organiza actividades educativas.

ÍNDICE